Émile DURKHEIM

Introduction à la sociologie de la famille

Édition : BoD · Books on Demand, 31 avenue Saint-Rémy, 57600 Forbach, bod@bod.fr

Impression : Libri Plureos GmbH, Friedensallee 273, 22763 Hamburg (Allemagne)

ISBN : 978-2-3225-5155-2

Dépôt légal : Janvier 2025

Table des matières

"Introduction à la sociologie de la famille"

Introduction à la sociologie de la famille

Émile Durkheim

MESSIEURS,

Je ne viens pas vous faire une nouvelle leçon d'ouverture. La sociologie n'est plus pour vous une étrangère qu'il faille vous présenter. Cependant, avant de commencer l'étude des questions qui vont nous retenir cette année, il m'a paru bon de vous y introduire par une première leçon où je vous exposerais les lignes générales de notre sujet, la méthode que nous suivrons pour le traiter et l'intérêt qu'il présente pour vos études.

I

Nous avons consacré toute l'année dernière au problème initial de la sociologie. Avant d'aller plus avant, il était en effet nécessaire de savoir quels sont les liens qui unissent les hommes entre eux, c'est-à-dire ce qui détermine la formation d'agrégats sociaux. C'est ce que nous nous sommes demandé. Pour résoudre cette question, la psychologie ne pouvait suffire ; car il était vraisemblable déjà par avance qu'il y a des espèces différentes de solidarité sociale comme il y a des espèces de sociétés. Il était donc nécessaire de procéder à une classification de ces dernières. Si dans l'état actuel des renseignements dont nous disposons une classification complète et détaillée ne pouvait être qu'arbitraire, comme l'ont démontré toutes les tentatives de ce genre, du moins il nous a été possible de constituer avec certitude deux grands types sociaux dont toutes les sociétés passées et présentes ne sont que des variétés. Nous avons distingué d'une part les sociétés inorganisées ou, comme nous avons dit, amorphes qui s'échelonnent de la horde de consanguins à la cité, et de l'autre, les États proprement dits qui commencent à la cité pour finir aux grandes nations contemporaines. Puis l'analyse de ces deux types sociaux noùs a fait découvrir deux formes très différentes de solidarité sociale, l'une qui est due à la similarité des consciences, à la communauté des idées et des sentiments, l'autre qui est au contraire un produit de la différenciation des fonctions et de la division du travail. Sous l'effet de la première, les esprits s'unissent en se confondant, en se perdant pour ainsi dire les uns dans les autres, de manière à former une masse compacte qui n'est guère capable que de mouvements d'ensemble. Sous l'influence de la seconde, par suite de la mutuelle dépendance où se trouvent les fonctions spécialisées, chacun a sa sphère d'action propre, tout en étant inséparable des autres. Parce que cette dernière solidarité nous rappelle mieux celle qui relie entre elles les parties des animaux supérieurs, nous l'avons appelée *organique* et nous avons réservé pour la précédente la qualification de *mécanique* ; simple définition de mots, qui même ne nous a satisfait que médiocrement, mais dont nous sommes con-tenté faute de mieux. Quoiqu'à parler à la rigueur, il soit peutêtre possible de dire que ces deux espèces de solidarité n'ont jamais existé l'une sans l'autre, cependant nous avons trouve la solidarité mécanique à l'état de pureté presque absolue dans ces sociétés primitives où les consciences et même les organismes se ressemblent au point d'être indiscernables, où l'individu est tout entier absorbé par le groupe, où la tradition et la coutume règlent jusque dans le détail les moindres démarches individuelles. Au contraire, c'est dans les grandes sociétés modernes que nous avons pu le mieux observer cette solidarité supérieure, fille de la division du travail, qui laisse aux parties leur indépendance tout en renforçant l'unité du tout. Cette constatation nous a permis de déterminer les conditions en fonction desquelles varient l'une et l'autre de ces solidarités. Nous avons vu, en effet, que si là où les sociétés ont peu d'étendue, grâce au contact plus intime de leurs membres, à la communauté plus complète de la vie, à l'identité presque absolue des objets de la pensée, les ressemblances l'emportent sur les différences et par conséquent le tout sur les parties ; au contraire, à mesure que les éléments du groupe deviennent plus nombreux sans cesser d'être en relations suivies, sur ce champ de bataille agrandi où l'intensité de la lutte croît avec le nombre des combattants, les individus ne peuvent se main. tenir que s'ils se différencient, si chacun choisit une tâche et un genre de vie propre ; et la division du travail devient ainsi la condition primaire de l'équilibre social. L'accroissement simultané du volume et de la densité des sociétés, voilà en effet la grande nouveauté qui sépare les nations actuelles de celles d'autrefois ; voilà probablement un des principaux facteurs qui dominent toute l'histoire ; voilà, en tout cas, la cause qui explique les transformations par lesquelles a passé la solidarité sociale.

Tels sont les résultats auxquels nous sommes arrivés dans le cours de l'année dernière. Munis de ces principes, nous sommes désormais en état d'aborder des problèmes plus spéciaux. Maintenant que les formes générales de la sociabilité et leurs lois sont bien connues de nous, nous allons employer toute cette année à l'étude d'une espèce sociale en particulier. J'ai choisi pour cela le groupe qui est le plus simple de tous et dont l'histoire est la plus ancienne : j'ai nommé la famille.

Avant de vous exposer comment nous traiterons ce sujet, laissez-moi vous dire comment j'aurais rêvé de le traiter avec vous. Aussi bien, ce que j'aurais voulu faire vous préparera à mieux comprendre ce que je ferai.

De tous les groupes familiaux, celui qui nous intéresse par-dessus tout autre et qu'il importe surtout de connaître et de comprendre, c'est celui qui existe présentement sous nos yeux et au sein duquel nous vivons. Nous aurions donc pris pour point de départ et pour thème la famille telle qu'elle se présente aujourd'hui dans les grandes sociétés européennes. Nous en aurions fait la description et l'anatomie ; nous en aurions dissociés les éléments et voici quels eussent été en gros les résultats de cette analyse. Il y aurait eu lieu de distinguer tout d'abord les personnes et les biens ; puis, parmi les personnes, il aurait fallu compter, outre les époux et des enfants, le groupe général des consanguins, des parents à tous les degrés ; ce qui reste en un mot de l'ancienne *gens* dont l'autorité était autrefois si puissante et qui, maintenant encore, a souvent à intervenir dans le cercle restreint de la famille proprement dite. Il y a enfin l'État qui, lui aussi, dans des cas déterminés, vient se mêler à la vie domestique et en devient même tous les jours un facteur plus important. Cela fait, nous aurions cherché comment ces éléments fonctionnent, c'est-à-dire quelles relations les unissent les uns avec les autres. Le système complet de ces relations dont l'ensemble constitue la vie de la famille se trouve à peu près figuré par le tableau suivant [1].

---

[1] Ce tableau n'est, bien entendu. que tout provisoire et nous ne le donnons que pour préciser les idées. C'est seulement à la fin du cours que nous venons de commencer que nous pourrons obtenir quelque chose d'un peu plus définitif.

On remarquera de plus que tous les exemples ci-dessus sont empruntés au droit, et pas aux mœurs. C'est que la détermination des mœurs domestiques actuelles constitue un problème qui viendra à son heure mais que nous ne pouvions supposer résolue dès notre première leçon.

LES CONSANGUINS

1° Relations du mari avec ses parents propres et ceux de sa femme.

2° Relations de la femme avec ses parents propres et ceux de son mari.

  1° Quant aux personnes.
  2° Quant aux biens.

(Émancipation par le mariage. Dot. Droit successoral. Conseil judiciaire. Parenté par alliance : sa nature et ses conséquences).

3° Relations des enfants avec les consanguins paternels et maternels.

  1° Quant aux personnes.
  2° Quant aux biens.

(Conseil de famille. Tutelle. Droit successoral, etc.)

LES ÉPOUX

1° Relations des futurs époux à l'acte générateur de la famille (mariage).

(Nubilité. Consentement. Non existence d'un mariage antérieur. (Monogamie. - Non existence de la parenté à un degré prohibé, etc.)

2° Relations des époux quant aux personnes.

Droits et devoirs respectifs des époux. Nature du lien conjugal dissolubilité ou indissolubilité etc.)

3° Relations des époux quant aux biens.

(Régime dotal, communauté, séparation de biens. - Donations. Droit successoral, etc.)

LES ENFANTS

1° Relations des enfants avec les parents. Quant aux personnes.

(Puissance paternelle. Émancipation. Majorité, etc.)

2° Relations des enfants avec les parents quant aux biens.
(Héritage. Droit de réserve. Biens propres de l'enfant. Tutelle des parents, etc.)

3° Relations des enfants entre eux.
(Se réduisent presque actuellement au droit *successoral.*)

L'ÉTAT

1° Intervention générale de l'État en tant qu'il sanctionne le droit domestique.
(La famille comme institution sociale.)

2° Intervention particulière dans les relations entre futurs époux.
(Célébration du mariage.)

3° Intervention particulière dans les relations entre époux.
(Substitution du tribunal au mari pour certaines autorisations.)

4° Intervention particulière dans les relations entre parents et enfants.

(Concours du tribunal pour l'exercice de la puissance paternelle.

- Garanties à l'enfant. - Projet de loi sur la déchéance de l'autorité paternelle.)

5° Intervention particulière dans les relations avec consanguins.

(Dans les conseils de famille. - Dans les demandes d'interdiction, etc.)

Mais une analyse n'est pas une explication. Après avoir décrit ces différentes relations il y aurait eu lieu de chercher quelles en sont les raisons d'être. Dans les sciences de la nature c'est par l'expérimentation qu'on découvre les causes. Ici nous ne saurions évidemment faire d'expériences proprement dites. Mais, il y a longtemps que Claude Bernard l'a dit, ce qu'il y a d'essentiel dans l'expérimentation ce n'est pas la production par l'opérateur de phénomènes artificiels. L'artifice n'est qu'un moyen dont le but est de mettre le fait étudié dans des circonstances et sous des formes différentes afin que d'utiles comparaisons puissent être instituées. Supposez, en effet, qu'on se trouve en présence d'un phénomène qui se reproduise toujours de la même manière et dans les mêmes conditions, il serait impossible de l'expliquer avec quelque assurance ; car comment savoir quelle est de toutes ces circonstances qui l'accompagnent invariablement celle dont il dépend ? On ne pourrait que risquer des conjectures qui ne sauraient être vérifiées. Mais il n'en est plus ainsi si, tout en restant luimême, le phénomène varie d'une circonstance à l'autre. Alors le rapprochement devient fécond car on a un critérium pour séparer cette fois l'accidentel de l'essentiel et pour l'éliminer. L'expérimentateur suscite ces variations quand elles ne sont pas données ; mais, si elles se produisent naturellement, n'est-il pas permis d'appeler expérimentation indirecte l'opération par laquelle on les compare ? Telle est la méthode qui nous permettrait d'expliquer les relations domestiques ; il suffirait de considérer chacune d'elles à part et de la comparer dans son état actuel avec les formes qu'elle présente dans les différentes espèces de sociétés familiales. S'agit-il par exemple du lien conjugal ? On le comparerait tel qu'il existe aujourd'hui chez les nations civilisées avec ce qu'il a été autrefois dans la famille patriarcale soit monogamique, soit polygamique, dans le clan paternel, dans le clan maternel et dans tous les types intermédiaires. Quoique rien n'ait plus évolué cependant il ne serait pas malaisé de retrouver sous toutes ces formes un fond identique et commun. Si on a déterminé, d'autre part, quels sont parmi les faits concomitants ceux qui n'ont pas varié davantage, on aura le droit d'y voir la condition qui rend compte de ces caractères fondamentaux. Veut-on passer ensuite à l'explication d'une propriété plus particulière, par exemple de l'indissolubilité du mariage ? Il suffira de restreindre le champ des comparaisons et de ne rapprocher que les types où cette propriété se retrouve à des degrés divers. Le ou les caractères qui seraient communs à tous ces types, qu'on ne rencontrerait pas dans les autres, qui varierait comme cette propriété même, en seraient la cause. De cette manière on obtiendrait une explication vraiment objective des principaux phénomènes domestiques.

Malheureusement vous voyez ce qui nous manque pour pouvoir pratiquer cette méthode. Il faudrait que les différents types de famille fussent dès à présent constitués avec certitude, qu'on connût le nombre des éléments dont chacun d'eux est composé et leurs rapports, qu'on sût enfin ce qui leur a donné naissance. Or quoique depuis le milieu de ce siècle de grands efforts aient été faits pour avancer ce problème, les résultats obtenus, d'ailleurs très importants, sont encore incomplets, quelques-uns même contestés. Nous ne pouvons donc ni nous en tenir à ceux qui sont définitivement acquis ni accepter, sans examen préalable, ceux qui sont discutés. En un mot, pour remplir le programme que je traçais tout à l'heure, il faut constituer tout d'abord les principaux types familiaux, les décrire, les ranger en genres et en espèces, chercher enfin autant que possible les causes qui ont déterminé leur apparition et surtout leur survie. C'est ce travail préparatoire que nous allons faire cette année.

Ne croyez pas toutefois que nous allions nous borner à une simple classification d'espèces disparues ; mais de cette étude du passé se dégagera une explication du présent qui deviendra de plus en plus complète, à mesure que nous avancerons dans nos recherches. Car les formes de la vie domestique, même les plus anciennes et les plus éloignées de nos mœurs n'ont pas complètement cessé d'exister ; mais il en reste quelque chose dans la famille d'aujourd'hui. Par ce que les êtres supérieurs sont sortis des êtres inférieurs, ils les rappellent et les résument en quelque sorte. La famille moderne contient en elle, comme en raccourci, tout le développement historique de la famille ; ou s'il n'est peut-être pas juste de dire que tous les types familiaux se retrouvent dans le type actuel, parce qu'il n'est pas démontré que tous ont été en communication directe ou indirecte avec lui, du moins cela est-il vrai de beaucoup. Ainsi considérées, les différentes espèces de familles qui se sont successivement formées apparaissent comme les parties, comme les membres de la famille contemporaine, que l'histoire nous offre, pour ainsi dire, naturellement dissociés. Sous cette forme il est bien plus facile de les étudier que dans cet état de pénétration intime et mutuelle où ils sont aujourd'hui. Par conséquent chaque fois que nous aurons constitué une espèce familiale, nous chercherons ce qu'elle peut avoir de commun avec la famille d'aujourd'hui et ce qu'elle en explique. Ainsi, dès nos prochaines leçons, en étudiant les formes les plus humbles de la vie domestique, nous y rencontrerons une propriété qui est restée un des caractères essentiels de la famille et dont nous pourrons par cela même rendre compte. Afin que ces rapprochements soient plus faciles nous adopterons dans l'étude de chaque type particulier, les divisions du tableau que vous avez sous les yeux, c'est-à-dire que nous distinguerons et isolerons les relations domestiques comme nous avons fait plus haut. Grâce à cette similitude du cadre ces différentes monographies seront plus aisément comparables. Si donc la méthode d'explication que nous suivrons est moins rigoureuse et moins précise que celle dont je vous entretenais tout à l'heure, elle ne laissera pas de nous donner d'importants résultats. Nous essaierons petit à petit et chemin faisant ce que nous ne pouvons faire encore d'une manière suivie et systématique.

Ainsi, Messieurs, nous n'allons pas nous livrer à un travail de pure érudition. Si loin que nous remontions dans le passé nous ne perdons jamais le présent de vue. Quand nous décrirons les formes même les plus primitives de la famille, ce ne sera pas seulement pour satisfaire une curiosité d'ailleurs légitime ; mais pour arriver progressivement à une explication de notre famille européenne. Je ne veux pas dire que nous puissions résoudre tous les problèmes que nous allons ainsi rencontrer devant nous ; il s'en faut. Ne voyez d'ailleurs, dans ce cours, je vous prie, qu'un premier essai destiné à être révisé. Mais quoi qu'il en soit, cette manière de procéder aura le grand avantage de donner plus de vie à nos recherches et de vous en faire mieux sentir l'intérêt. Car qu'y a-t-il de plus intéressant que de voir cette vie de la famille moderne si simple en appparence, se résoudre en une multitude d'éléments et de rapports étroitement enchevêtrés les uns dans les autres et de suivre dans l'his-toire le lent développement au cours duquel ils se sont successivement formés et combinés ?

II

Tel est notre sujet. Quelle sera notre méthode ?

Je ne m'arrêterai pas à vous démontrer que le seul moyen d'aboutir est de procéder inductivement et que nos inductions n'auront de valeur que si elles reposent sur des faits, sur beaucoup de faits, Mais ce n'est pas tout que de réunir un grand nombre de documents ; il est pour le moins aussi important de bien choisir ceux qu'il convient d'utiliser. Il en est, en effet qu'il faut résolument écarter, quelques instructifs qu'ils paraissent au premier abord. Autrement l'esprit serait vite débordé en même temps qu'entraîné dans les directions les plus contradictoires. Voilà une règle que les théoriciens de la famille ont souvent méconnue et sur laquelle il est nécessaire d'insister.

Un voyageur visite un pays ; il se met en relations avec un certain nombre de familles où il observe, je suppose, des faits assez nombreux de dévouement conjugal et de piété filiale. Il en conclut que la famille y est déjà très fortement unie. - Pouvons-nous admettre sa conclusion ainsi motivée ?

Ce serait nous exposer à de sérieux mécomptes. En effet, le degré de cohésion auquel est parvenue la famille dans une société donnée est un état interne et général dans toute l'étendue de cette société. Au contraire les événements de la vie courante sur lesquels s'appuient ces sortes d'observations sont des faits extérieurs, passagers et particuliers. Sans doute ils sont liés, en général, à la constitution de la famille mais c'est par un rapport déjà trop complexe et trop lointain pour qu'on puisse, d'un simple coup d'œil, remonter de l'effet à la cause. L'interprétation qui relie l'un à l'autre ces deux ordres de phénomènes risque donc d'être toute subjective. En effet, parce que tout critère objectif fait défaut, les vues personnelles pèsent sur l'esprit de l'observateur avec d'autant plus de force qu'elles sont sans contre-poids. Ainsi pour un missionnaire imbu des idées chrétiennes sur le mariage, des faits de polyandrie seront le symbole d'une véritable anarchie domestique et de la plus grossière immoralité. Au contraire un esprit un peu révolutionnaire, pour peu surtout qu'il se pique de socialisme, emporté par sa passion pour les faibles et par l'habitude qu'il a de prendre leur défense, jugera les types familiaux d'après le traitement qui est fait à la femme [2]. Or, la situation privilégiée de la femme, bien loin d'être tou-

____

[2]   V. Letourneau, *Évolution du mariage et de la famille*.

jours un sûr indice de progrès, a parfois pour cause une organisation domestique encore rudimentaire. Enfin il y a plus, il peut se faire que ces faits isolés, si frappants qu'ils paraissent, soient sans rapport avec l'état constitutionnel de la famille. Ainsi nous rencontrerons des preuves remarquables d'attachement soit entre époux soit entre enfants et parents dans des familles où pourtant le lien domestique est encore faible et lâche. Ce sont alors des mouvements de la sensibilité individuelle qui inspirent ces actes de solidarité ; mais, fussent-ils même assez fréquents, ils peuvent très bien ne correspondre à rien dans le type organique de la famille qui, lui, dépend, non de tempéraments particuliers mais de nécessités collectives, et s'impose à chacun avec la force de la tradition. Il y a là deux catégories de phénomènes qui, provenant de causes différentes, sont indépendantes et ne peuvent guère s'éclairer mutuellement. De même, dans certaines sociétés, il arrive qu'en fait la plupart des habitants vivent avec une seule femme sans que pourtant on puisse en conclure que la famille y soit monogamique. Car en droit la polygamie reste tolérée, et si la majorité y a renoncé c'est pour des nécessités tout extérieures, par exemple parce qu'il est trop coûteux d'entretenir plusieurs femmes. En résumé ce que nous devons chercher à reconstituer c'est la structure interne de la famille qui seule présente un intérêt scientifique. Or, non seulement ces faits particuliers ne la constituent pas, mais ils ne la symbolisent pas toujours avec clarté, parfois même ils ne la symbolisent pas du tout. Notez que ces remarques ne perdent rien de leur valeur si c'est un indigène et non un étranger qui nous fournit ces sortes de renseignements. Par exemple, ce n'est ni avec les appréciations des écrivains romains ni avec quelques anecdotes même historiques qu'on peut caractériser scientifiquement la famille romaine.

Il faut donc, en général, récuser ces récits et ces descriptions qui peuvent avoir un intérêt littéraire et même une autorité morale mais qui ne sont pas des documents suffisamment objectifs. Ces impressions personnelles ne sont pas des matériaux dont la science puisse se servir utilement. Il n'y a qu'un moyen de connaître avec quelque exactitude la structure d'un type familial c'est de l'atteindre en elle-même. Mais où la trouver ? Dans ces manières d'agir consolidées par l'usage qu'on appelle les coutumes, le droit, les mœurs. Ici, en effet, nous ne sommes plus en présence de simples incidents de la vie personnelle mais de pratiques régulières et constantes, résidu d'expériences collectives, faites par toute une suite de générations. Car la coutume est justement ce qu'il y a de commun et de constant dans toutes les conduites individuelles. Elle exprime donc exactement la structure de la famille ou plutôt elle est cette structure elle-même. Elle est aux événements particuliers de la vie domestique ce que le type générique d'un animal est au détail des phénomènes qui se produisent dans les organismes individuels. Il n'est donc pas de faits non seulement plus objectifs mais plus féconds puisque chacun d'eux est lui-même le résumé d'une multitude de faits. Cette fois nous n'avons plus à induire le général à l'aide d'interprétations suspectes : il nous est immédiatement donné et sous une forme concrète et tangible. Quelques renseignements sur les coutumes en matière d'héritage, par exemple, nous en apprennent plus sur la constitution d'une famille que bien des peintures particulières.

Mais comment reconnaître une coutume ? A ce fait qu'elle est une manière d'agir non seulement habituelle mais obligatoire pour tous les membres d'une société. Ce qui la distingue, ce n'est pas sa fréquence plus ou moins grande ; c'est sa vertu impérative. Elle ne représente pas simplement ce qui se fait le plus souvent, mais ce qui doit se faire. C'est une règle à laquelle chacun est tenu d'obéir et qui est placée sous l'autorité de quelque sanction. L'existence d'une sanction, tel est le critérium qui empêcbe de confondre la coutume avec de simples habitudes. Nous voilà donc en possession de faits définis, aisément reconnaissables, analogues à ceux qu'étudient les sciences de la nature. En même temps nous pouvons voir dans quelle mesure et à quelle condition nous pouvons utiliser ces faits particuliers dont je vous parlais tout à l'heure pour vous en faire voir l'insuffisance. A eux seuls ils ne peuvent démontrer qu'une coutume existe. Mais ils peuvent contribuer à établir qu'elle n'existe pas ou qu'elle est en train de changer. Si dans un pays il est librement et ouvertement dérogé par des actes particuliers à une coutume connue c'est que celle-ci tend à se modifier. Si ces dérogations vont jusqu'à la contradiction c'est que la coutume a disparu ou n'a jamais existé. Mais si dans ce cas ces faits ont quelque autorité, ce n'est pas à eux qu'ils la doivent. C'est leur relation avec la coutume, fait collectif au premier chef, qui manifeste leur portée sociale et fait voir en eux autre chose que des événements de la conscience privée.

Dans ce qui précède je ne me suis presque servi que du mot de *coutumes* parce que cette expression est celle qui désigne le mieux dans sa généralité tout l'ordre de phénomènes dont nous parlons. D'ailleurs on peut dire qu'à l'origine il n'existe pas de pratiques obligatoires en dehors de celles que la coutume prescrit. Mais avec le temps cette masse de maximes impératives, si considérable dans les sociétés primitives, se scinde en deux parties. Tandis que les unes accentuent encore la forme un peu diffuse qu'avait déjà la coutume et deviennent les mœurs qui n'ont d'autre sanction que celle, un peu vague, de l'opinion publique, les autres au contraire se fixent, se cristallisent pour ainsi dire et deviennent le droit positif dont l'autorité publique assure le respect par des sanctions précises et matérielles. Comme le droit présente à un plus haut degré ce caractère objectif qui est le signe distinctif de la coutume, comme il a une forme plus nettement arrêtée, il constitue un document en général plus précieux. Mais s'il convient de ne se servir des mœurs qu'avec prudence parce qu'elles ont quelque chose de plus indécis et de fuyant, quand elles sont bien établies, elles peuvent fournir de très utiles renseignements. C'est ainsi que, avec les formules de salutation qu'emploient dans leurs rapports journaliers les membres de certaines familles de l'Asie, de l'Amérique et de l'Australie M. Morgan a pu reconstituer le type du clan exogame.

Si circonspects d'ailleurs que nous soyons dans le choix de nos matériaux, il n'y a pas à craindre que nous en manquions : la qualité nous fera plus défaut que la quantité. Nous les trouverons soit réunis, soit épars dans une multitude d'ouvrages dont bien peu, je le constate avec tristesse, sont écrits en français. Déjà plusieurs études d'ensemble sur la famille ont été essayées par différents sociologistes. Sans parler de la troisième partie de la sociologie de Spencer qui est tout entière consacrée à ce sujet mais d'où il y a peu de chose à retirer, nous avons en France *l'Évolution du mariage et de la famille* du docteur Letourneau, ouvrage riche en documents mais dépourvu de critique et de méthode ; en Allemagne *l'Histoire de la famille (Geschichte der Familie)* de Lippert [3] et surtout le récent livre de Hellwald *Die Menschliche Familie* [4] qui est, je crois, le meilleur du genre. Ce qui vaut mieux d'ailleurs que ces études générales, ce sont les travaux que nous ont donnés et les ethnologistes et les historiens sur des points particuliers de l'histoire de la famille. Ils sont beaucoup trop nombreux pour que je puisse vous en donner une bibliographie complète. Je ne puis que rappeler rapidement les noms les plus importants. Sur les origines et les formes simples de la famille nous avons l'ouvrage de Giraud Teulon *(Les origines du mariage et de la famille)* [5], les différents livres de Herman Post [6], *l'Anthropologie der Naturvoelker* de Waitz où se trouve un excellent résumé de tous les récits des voyageurs sur la famille chez les peuples sauvages. Sur la famille maternelle

---

[3] Stuttgart, 1884, 259 p.

[4] Leipzig, 1888, 597 p. Nous ne pouvons que mentionner le livre de Wilcken *Over de verwandschaft en het Huwelijks en Erfrecht by de volken van het maleische Ras* que nous n'avons pu lire. Nous ne le connaissons que par Hellwald qui en fait le plus grand éloge.

[5] Genève et Paris, 1884, 325 p.

[6] Notamment *Geschtechtsgenossenschaft der Urzeit*. Oldenburg, 1875, 122 p.

en particulier, il y a le *Mutterrecht* et les *Antiquarische Briefe* [7]
de Bachofen ; sur la famille exogame, les travaux de
Lubbock [8], de Mac Lennan [9] et surtout de Morgan [10] et de
Fison et Howit [11]. Il n'est pas besoin de vous rappeler les
études sur la famille romaine de Rossbach [12], de Fustel de
Coulanges, de Voigt [13], de Bernhöft, etc. Sur la famille
aryenne en général, nous avons un ouvrage de Hearn, *The
Aryan houshold* [14], les études de Sumner Maine. Sur la famille
germanique nous disposons d'une abondante littérature
dont les principaux monuments sont les recherches de
Friedberg [15], de Sohm [16] de Habicht [17], sur le mariage, de
Dargun sur les traces de matriarcat dans le droit
germanique [18], le droit réel conjugal de Schroeder [19],
l'histoire de la tutelle de Rive [20], etc. Sur la famille orientale

---

[7]   Stuttgart, 1861. Strassburg, 1880, 278 p.

[8]   *Origines de la civilisation.*

[9]   *Studies in ancient history.* London, 1886, 387 p.

[10]   *Ancient society.* London, 1887, 560 p.

[11]   *Kamilaroi and Kurnai.* Melbourne, 1880, 372 p.

[12]   *Untersuchungen über die roemische Ehe.* Stuttgart, 1853.

[13]   Dans ses XII *Tafeln.* passim.

[14]   London, 1879, 494 p.

[15]   *Das Recht der Eheschliessung. Leipzig, 1863.*

[16]   *Trauung und Verlobung. Weimar, 1876.*

[17]   *Die altdeutsche Verlobung in ibrem Verhœltnisse zu dem Mundium.* Iena, *1879.*

[18]   *Mutterrecht und Raubehe und ibre Reste im Germanischen Recht und Leben.* Breslau. *1883.*

[19]   *Geschichte des ehelichen Güterrechts in Deutschland. 1863-1874.*

[20]   *Geschichte der deutschen Vermundschaft Braunschweig. 1866-1875.*

il y a un petit travail de Bergel sur le mariage chez les Juifs [21], un ouvrage de Vincenti sur le mariage dans l'Islam [22] ; sur le droit domestique des Chinois, la brochure de Plath [23], etc.

Cependant la règle que nous venons de poser n'est pas sans inconvénients. Le droit et les moeurs n'expriment que les changements sociaux déjà fixés et consolidés ; ils ne nous apprennent rien par conséquent sur les phénomènes qui ne sont pas encore parvenus ou qui ne doivent pas parvenir à ce degré de cristallisation, c'est-à-dire qui ne déterminent pas des modifications de structure. Or, parmi ceux qui restent ainsi à l'état fluide, pour ainsi dire, il en est de fort importants. Vous savez, en effet, que chez les êtres supérieurs et surtout dans les sociétés, le rapport entre l'organe et la fonction n'a rien de rigide et que l'une peut changer sans que l'autre change en même temps. C'est ainsi qu'une institution juridique peut survivre longtemps à ses raisons d'existence, elle reste identique à elle-même quoique les phénomènes sociaux qu'elle enveloppe se soient modifiés. Nous trouvons par exemple dans certaines sociétés un système de parenté et un droit successoral qui ne cadrent Plus du tout avec l'état réel de la famille. C'est un

---

21   *Die Ehe-verhältnisse der alten Juden.* Leipzig, *1881.*

22   *Die Ehe im Islam.* Wien, *1876.*

23   *Uber die häusliche Verhältnisse der alten Chinesen, 1863.*

legs du passé qui persiste par la seule force de l'habitude et nous voile le présent. Il y a donc certains phénomènes que nous nous exposons à n'apercevoir que longtemps après qu'ils se sont produits, ou même à laisser complètement inaperçus. Mais quelque réel que soit cet inconvénient, il ne doit pas nous faire renoncer à la méthode de prudence que je recommandais tout à l'heure ; car il vaut beaucoup mieux négliger quelques faits que d'en employer de douteux. D'ailleurs il viendra un moment dans le cours où nous pourrons corriger cette imperfection de notre méthode ; c'est quand nous arriverons à la famille contemporaine. Dans ce cas, grâce à la démographie, nous pourrons atteindre avec sûreté les phénomènes de la vie domestique, alors même qu'ils n'ont pas pris une forme juridique. La démographie, en effet, parvient à exprimer presque au jour le jour les mouvements de la vie collective. Un observateur isolé n'aperçoit jamais qu'une portion restreinte de l'horizon social : la démographie embrasse la société dans son ensemble. Il était toujours a craindre que le premier en mêlant ses impressions à la réalité ne la défigurât : la statistique nous met en présence de chiffres impersonnels. Non seulement ces chiffres traduisent d'une manière authentique et objective les phénomènes sociaux, mais ils les traduisent mieux parce qu'ils en rendent sensibles les variations quantitatives et permettent la mesure. Quand donc nous étudierons la famille européenne d'aujourd'hui, nous mettrons à profit non seulement le droit et les mœurs, mais encore les indications de la démographie. Pour cela j'aurai surtout recours aux travaux du docteur Bertillon que vous trouverez dispersés dans le *Dictionnaire encyclopédique des sciences médicales et* dans les *Annales de démographie internationale* ; je tâcherai toutefois de les compléter par des emprunts faits aux démographes étrangers.

Le droit, les mœurs tels que nous les font connaître l'ethnographie et l'histoire, enfin la démographie de la famille, telle est la triple source où nous irons chercher la matière de nos inductions. Nous étudierons d'après cette méthode, non pas une ou deux familles prises pour exemples, mais le plus grand nombre possible : nous ne négligerons aucune de celles sur lesquelles nous pourrons nous procurer des renseignements dignes de foi. Nous les rangerons en groupes d'après les ressemblances et les différences qu'elles nous présenteront. Enfin, pour expliquer les principaux caractères de chacun des genres que nous aurons ainsi constitués, nous comparerons les conditions dans lesquelles se sont produites et développées les différentes espèces qu'il comprend. Ce sera la partie la plus difficile de notre tâche et celle où il faut nous attendre à d'inévitables échecs.

Je n'ai pas besoin de vous dire que nous aborderons ces recherches avec un sentiment profond de la complexité du sujet. Mais, en même temps, nous n'oublierons pas que nous sommes en présence de phénomènes naturels, par conséquent soumis à des lois. Nous nous efforcerons ainsi d'éviter, autant que possible, le double danger auquel est exposée toute théorie de la famille. En effet, il est arrivé souvent aux auteurs qui ont traité cette question ou bien de pécher par excès de simplisme en voulant tout expliquer par un seul principe, ou bien de renoncer à toute systématisation, sous prétexte que cette masse de faits hétérogènes ne peut servir de matière à des généralisations scientifiques : ce qui revient à admettre qu'il y a un monde dans le monde où ne régnerait pas la loi de causalité, c'est-à-dire à postuler un miracle. Quant à nous, tout en nous défiant des explications simples, des classifications linéaires et géométriques, nous maintiendrons qu'il y a dans cette partie de la nature comme dans toutes les autres un ordre, mais d'une grande complexité. Nous chercherons à en retrouver les lignes principales, c'est-à-dire à systématiser tous ces faits, mais sans les confondre artificiellement. Nous nous attacherons à découvrir leurs rapports, tout en respectant les différences qui les séparent.

Il est un autre sentiment qu'il n'est pas moins nécessaire d'apporter à ces études : c'est une parfaite sérénité. Il faut débarrasser notre esprit du préjugé optimiste tout comme du préjugé pessimiste. Ces questions nous touchent de si près que nous ne pouvons nous empêcher d'y mêler nos passions. Les uns vont chercher dans les familles d'autrefois des modèles qu'ils proposent à notre imitation : c'est ce qu'a fait notamment M. Le Play pour la famille patriarcale. Le but des autres est au contraire de faire ressortir la supériorité du type actuel et de nous glorifier de nos progrès. Aussi, nous présentent-ils le passé sous les couleurs les plus sombres ; ils n'ont pas assez de compassion pour nos malheureux ancêtres. Pour nous, nous savons que si on les prend à la lettre, les mots de supérieur et d'inférieur n'ont pas scientifiquement de sens : c'est une idée sur laquelle j'ai longuement insisté l'an dernier. Pour la science, les êtres ne sont pas les uns au-dessus des autres ; ils sont seulement différents, parce que leurs milieux diffèrent. Il n'y a pas une manière d'être et de vivre qui soit la meilleure pour tous, à l'exclusion de toute autre, et par conséquent il n'est pas possible de les classer hiérarchiquement suivant qu'ils s'éloignent ou se rapprochent de cet idéal unique. Mais l'idéal pour chacun est de vivre en harmonie avec ses conditions d'existence. Or cette correspondance se rencontre également à tous les degrés de la réalité. Ce qui est bon pour les uns ne l'est donc pas nécessairement pour les autres. Nous ne perdrons jamais ce principe de vue. La famille d'aujourd'hui n'est ni plus ni moins parfaite que celle de jadis : elle est autre, parce que les circonstances sont autres. Elle est plus complexe, parce que les milieux où elle vit sont plus complexes ; voilà tout. Le savant étudiera donc chaque type en lui-même et sa seule préoccupation sera de chercher le rapport qui existe entre les caractères constitutifs de ce type et les circonstances qui l'entourent. Voilà comment il nous sera possible de procéder à nos recherches avec la curiosité impartiale que le naturaliste ou le physicien apportent à leurs investigations.

III

Quant à l'utilité que ce sujet peut avoir pour chacun de vous, elle ressort de tout ce qui précède.

Un étudiant en philosophie de la Faculté, avec qui je parlais un jour du cours que je vais vous faire, me demandait si je ne le terminerais pas par un essai de morale domestique. La morale domestique ne viendra pas à la fin du cours, mais parce qu'elle en est la trame ; elle est le cours lui-même. En effet, qu'est-ce qu'une morale domestique, sinon la description et l'explication de la famille sous la forme la plus parfaite, c'est-à-dire la plus récente où elle soit parvenue ? Et d'autre part, comment expliquer le type actuel si on ne connaît pas les autres et si on ne le compare pas avec eux ? Or c'est précisément ce travail que nous allons faire cette année. Mais, dit-on, la morale est un art autant qu'une science ; elle ne peut donc pas se borner à expliquer le présent, mais elle doit, devançant l'avenir, nous offrir un idéal qui émeuve nos volontés. Je le veux bien. Mais l'art, quand il n'est pas purement empirique, est la mise en pratique d'une science. L'art améliore la réalité ; mais pour la corriger, il faut la connaître. Pour que la morale puisse aspirer à perfectionner les mœurs, il faut que la science des mœurs soit faite. Autrement l'idéal qu'elle construirait ne pourrait être qu'une œuvre de fantaisie poétique, une conception toute subjective qui ne pourrait jamais passer dans les faits, puisqu'elle serait sans rapport avec eux. En un mot, l'art méthodique de la morale n'est pas possible, si la science de la morale n'est pas suffisamment avancée.

Les étudiants en philosophie ne sauraient donc se désintéresser des efforts que nous faisons ici pour constituer la morale à l'état de science positive ; et par conséquent, je n'ai pas à leur démontrer que ce cours leur est nécessaire, qu'ils auraient grand tort d'y voir pour eux un enseignement surérogatoire et de luxe. Je dirai même qu'ils ont à le suivre un intérêt non seulement scientifique mais pratique et strictement professionnel. Vous êtes destinés à aller les uns plus tôt et les autres plus tard enseigner la philosophie dans nos lycées eh bien ! rappelez vous un peu vos souvenirs d'élèves ! Y a-t-il beaucoup d'exagération à dire que de toutes les parties du cours il n'y en avait généralement pas qui parussent aussi ternes, qui eussent autant l'air d'ennuyer maîtres et élèves que la morale, et surtout la morale pratique. En effet, telle qu'elle est souvent enseignée, c'est une sorte de catéchisme rationaliste qui ne peut pas exciter beaucoup l'intérêt : car on sait d'avance tout ce qu'il renferme. Toutes ces déductions destinées à démontrer au jeune homme qu'il est de son devoir d'aimer sa famille ou sa patrie, sont bien peu utiles au point de vue pratique et ne sont guère de nature à éveiller la curiosité de l'élève. D'ailleurs, je doute fort que la morale qu'on appelle théorique ait elle-même beaucoup plus de succès. Car les essais de synthèse qu'elle contient sont si divers et si contradictoires que tout élève de bon sens, à moins qu'il n'ait dans la parole de son maître une confiance qui s'allie mal avec l'esprit critique, comprendra qu'il ne peut, à son âge, se prononcer sur des questions où les plus grands esprits se sont à ce point divisés. De plus, pour qu'une généralisation parvienne a intéresser, il faut qu'on y sente circuler les faits qu'elle est censée résumer ; qu'on s'aperçoive qu'elle a été en contact avec eux ; qu'on y retrouve leur marque. Or tous ces systèmes sont tellement éloignés de la réalité, ils sont si maigres et elle est si riche, ils sont si simples et elle est si complexe qu'ils semblent appartenir à un tout autre monde. Quel rapport y a-t-il entre les règles juridiques et morales qui président aux relations conjugales par exemple et l'impératif catégorique ou la loi de l'utile ; car je ne distingue pas entre toutes ces tentatives d'explication sommaire.

Voulez-vous que la morale n'intéresse pas moins vos élèves que la psychologie ? Nourrissez votre enseignement de faits. Ne vous contentez pas d'agiter leurs esprits en suscitant devant eux des questions. Apprenez-leur des choses. Profitez de la morale pratique - je conserve à dessin les expressions du programme quelque défectueuses qu'elles soient - pour leur montrer un peu ce que c'est que le droit, les mœurs ; que ce ne sont pas des systèmes logiquement liés de maximes abstraites, mais des phénomènes organiques qui ont vécu de la vie même des sociétés ; et faites cette démonstration non d'une manière générale et vague mais à propos de faits particuliers et concrets. Par exemple quand vous leur expliquez la famille, mettez sous leurs yeux, à côté du type actuel qu'ils croient seul au monde, quelques-uns de ceux dont je vais vous entretenir cette année afin qu'ils aient une idée plus juste du premier. Sans entrer dans des détails qui ne seraient pas de mise, ne vous en tenez pas à de pures généralités, mais choisissez quelques-unes des relations les plus caractéristiques de la vie domestique et parlez-en avec précision. Dites-leur par exemple quelques mots sur le droit successoral actuel et sur ses causes, sur la nature du lien conjugal, sur l'intervention de l'État dans la famille et sur son but. Des comparaisons entre l'état présent de ces relations et leur état antérieur dans les autres espèces familiales vous faciliteront ces courtes explications. Procédez de même pour la société. Ne vous contentez pas de donner à vos élèves une idée générale sur la nature des agrégats sociaux, mais montrez-leur qu'il y en a d'espèces différentes dont vous leur direz les propriétés distinctives afin qu'ils comprennent Mieux les caractères principaux des sociétés contemporaines. Leur parlez-vous du suicide ? Quelques chiffres bien choisis sur les rapports de ce phénomène morbide avec l'état civil, les conditions sociales, la situation de la société ambiante ne prendront pas plus de temps, seront infiniment plus instructifs que la dissertation traditionnelle sur la légitimité ou l'illégitimité du suicide et serviront mieux à résoudre cette question. S'agit-il de la conscience morale ? Au lieu de reprendre à nouveaux frais la description littéraire du remords et de la satisfaction intérieure, comparez la conscience morale de l'Européen normal d'aujourd'hui avec celles du sauvage, du malade, du criminel. Sans doute si on suit cette méthode la morale théorique perd de l'importance capitale qu'elle avait jusqu'ici dans les cours ; mais en procédant ainsi vous ne ferez que suivre un exemple de la plus haute autorité. Dans un précis de philosophie destiné aux classes M. Janet a été jusqu'à traiter la morale pratique avant la morale théorique. Je ne vous conseille donc pas une innovation subversive, d'ailleurs je crois que dans nos cours de lycée il convient de n'innover jamais qu'avec mesure, et les changements que je vous recommande peuvent s'accommoder sans difficulté avec la tradition ; croyez-en, je vous prie, une expérience personnelle. Seulement pour que la morale ainsi présentée puisse soutenir l'attention, il faut qu'elle soit autre chose qu'une paraphrase de la pratique quotidienne ; il faut qu'elle instruise les élèves, qu'ils y trouvent des faits qu'ils ignorent. Or ces faits, c'est la sociologie qui vous les fournira. Ceux d'entre vous qui auront suivi ce cours pendant deux ou trois ans en emporteront, je crois, un nombre déjà respectable de documents qu'il sera facile ensuite d'approprier à leur enseignement.

Mais, vous le savez, je ne m'adresse pas aux seuls philosophes. Je crois qu'en particulier notre sujet de cette année peut être utile à d'autres étudiants et notamment aux historiens. Il les intéresse non seulement à cause des matériaux que nous emploierons et qui seront souvent empruntés à l'histoire, mais surtout à cause des résultats auxquels j'espère arriver.

Nous l'avons souvent répété, on ne peut expliquer les faits particuliers qu'en les comparant entre eux. Or, dans l'histoire proprement dite, le champ des comparaisons possibles est très limité. En effet comme l'historien s'enferme la plupart du temps dans l'étude d'un seul peuple, il ne peut comparer qu'à eux-mêmes les faits sociaux qu'il observe. S'agit-il par exemple d'une institution ? Il n'y a qu'un moyen pour lui d'entrevoir les conditions dont elle dépend, c'est de constater les variations par lesquelles elle a successivement passé dans le pays qu'il considère, et de chercher ensuite quels sont les faits concomitants qui ont varié en même temps qu'elle et comme elle. Mais comme les changements que subit une même institution au cours de son développement ne peuvent être très nombreux, des comparaison aussi restreintes ne peuvent guère donner que des résultats incomplets. Aussi d'autres savants ont-ils essayé d'une autre méthode : ils ont rapproché non plus les divers moments d'une même institution, mais des institutions analogues prises dans des sociétés différentes de la même famille ; c'est ce qu'ont fait MM. Fustel de Coulanges dans sa *Cité antique,* et Sumner Maine dans ses différents ouvrages. Seulement ces comparaisons ne peuvent être vraiment fécondes que si elles se font sur une large surface. Ce n'est pas en rapprochant l'un de l'autre deux ou trois faits du même genre qu'on en peut faire la théorie. Pour rendre compte de la famille romaine il faut la comparer, non pas à la seule famille grecque, mais à toutes les familles du même type ; et même les familles de types différents peuvent s'éclairer les unes des autres. A ce point de vue les espèces les plus inférieures ne doivent pas être négligées. C'est ainsi que le droit domestique des tribus de l'Australie ou de l'Amérique nous fera mieux comprendre celui des Romains. Or l'historien est resté jusqu'ici assez étranger à l'ethnographie ; il ne sort même guère des peuples classiques. D'ailleurs il ne peut tout faire ; il ne peut à la fois étudier les sociétés particulières et confronter les résultats de ces études isolées. C'est à la sociologie qu'il appartient de procéder à ces comparaisons étendues et voilà par OÙ elle est utile à l'histoire. Vous verrez en effet comment, par l'emploi de cette méthode non seulement nous parviendrons à expliquer d'une manière assez satisfaisante, je crois, certaines particularités de la famille romaine, mais nous pourrons jeter quelque lumière sur des faits plus généraux Comme la Puissance paternelle, la puissance maritale, etc.

Je sais l'objection qui m'attend. On dit que les temps ne sont pas mûrs pour ces comparaisons dont on reconnaît d'ailleurs l'avantage et on conseille a la science sociale d'attendre que les histoires particulières soient achevées. Faire dépendre la sociologie d'une telle condition, ce serait l'ajourner indéfiniment ; car quoiqu'on fasse, il y aura toujours dans les sciences historiques une trop grande place laissée aux conjectures et aux interprétations personnelles pour qu'on puisse espérer voir un jour une entente définitive se faire sur l'histoire, je ne dis pas d'un pays, mais d'un temps. Ne voit-on pas tous les jours les vérités qu'on croyait le mieux établies remises en question et si rien n'est moins scientifique que le scepticisme historique, peut-on fermer les yeux sur ces contestations toujours renouvelées ? Il semble qu'en parlant ainsi je diminue moi-même le crédit de la sociologie puisqu'elle a tant besoin de l'histoire. Il n'en est rien. Car je crois que les progrès de la sociologie auront précisément pour effet d'aider l'histoire à s'objectiver d'avantage. Encore une fois ce qui la maintient dans le domaine des simples vraisemblances et des pures possibilités c'est précisément la rareté ou l'insuffisance des comparaisons qu'elle peut faire. La sociologie les fait à sa place. Les résultats généraux auxquels elle arrive, elle ne les impose pas à l'historien ; elle les lui soumet afin qu'il les révise et les mette de nouveau à l'épreuve des faits historiques proprement dits. Un historien éminent me disait un jour : « On ne peut pas être historien si l'on ne se spécialise pas ; mais on ne peut pas l'être d'avantage si l'on se spécialise », et il ajoutait qu'il ne voyait pas trop le moyen de résoudre cette antinomie. N'est-ce pas reconnaître que dans l'intérêt de l'histoire elle-même il doit se constituer deux sciences indépendantes, mais toujours en contact : l'une qui décrirait les sociétés particulières et l'autre qui rapprocherait ces monographies dispersées. Le sociologiste emprunterait à l'historien les faits dont il a besoin il les traiterait d'après sa méthode ; puis ainsi élaborés il les restituerait à l'historien qui les contrôlerait de nouveau d'après ses principes propres. Aucune de ces deux sciences n'aurait donc à exercer de suprématie sur l'autre, mais il y aurait entre elles une suite d'actions et de réactions jusqu'à ce que l'équilibre, c'est-à-dire l'entente, finît par s'établir.

Ces explications et ces théories qui ont pour l'historien l'avantage de satisfaire sa curiosité spéculative, présentent à l'étudiant en droit un intérêt plus pratique. Elles lui font mieux comprendre la nature de ces institutions juridiques au fonctionnement desquelles il est destiné à collaborer. Sans doute la pratique du droit est essentiellement un art, une affaire d'expérience. Mais tout art, qui n'est pas une routine, s'appuie sur une science, dont il s'inspire. Pour le droit, cette science ne peut être que la sociologie ; elle est au droit ce que la physiologie est à la médecine. Sans doute notre science est encore trop jeune pour qu'elle puisse diriger l'évolution des faits et personne ne se défie plus que moi de ces essais d'application prématurés. Je crois néanmoins que dès maintenant elle compte un certain nombre de vérités qui peuvent guider le juriste dans sa pratique. Il me semble impossible que l'art juridique ne se modifie pas suivant l'idée qu'on a de la société en général, ou de telle fonction sociale en particulier. Pour bien manier les règles traditionnelles sur la puissance paternelle ou le droit successoral, est-il donc indifférent d'en savoir les causes ? Or il n'y a qu'un moyen de les découvrir c'est de pratiquer la méthode comparative que nous allons essayer. Mais il y a une partie du cours qui aura pour l'étudiant en droit un intérêt plus prochain encore, si c'est possible. Tout le monde reconnaît, je crois, que le rôle du juge n'est pas d'appliquer mécaniquement des règles générales a des cas particuliers ; mais il a le devoir de tenir compte des changements qui se produisent dans la vie sociale pour y accommoder prudemment et progressivement les formules juridiques. C'est ainsi que l'esprit d'une loi change quoique la lettre soit toujours la même. Mais on ne peut adapter le droit à l'état présent de la société, que si on le connaît ; et le plus sûr naturellement est de le connaître non par une intuition subjective et vague mais d'une manière authentique et précise. Ceux donc qui sont chargés d'appliquer le droit domestique ou de veiller à son application ont besoin de savoir quelle est la situation actuelle de la famille ; quels changements s'y sont produits ; quels autres s'y préparent. Or vers la fin du cours je tâcherai comme je vous l'ai dit de répondre à quelques-unes de ces questions, au moyen de la démographie.

Je n'ai pas besoin d'ailleurs d'insister ; car je ne pourrais que répéter aux étudiants en droit ce que plusieurs de leurs maîtres leur ont déjà dit avec une compétence que je n'ai pas. Mais je tenais à constater une fois de plus que ce cours s'adressait à cette triple catégorie d'étudiants parce que cette simple remarque me paraît contenir la solution la plus naturelle d'une question dont je voudrais en terminant vous dire un mot.

On a, vous le savez, contesté que ce cours fût à sa place dans une Faculté des lettres et à plusieurs reprises la Faculté de droit l'a revendiqué pour elle. Je commence par déclarer que je me félicite de cette revendication. Nous ne pouvons qu'être fiers de voir une Faculté dont l'esprit de sagesse et de circonspection est bien connu, toute prête à ouvrir ses cadres à cette science nouvelle venue. C'est pour la sociologie une consécration que je n'osais pas espérer si prompte. Mais s'ensuit-il qu'il faille déposséder les Facultés des lettres de l'enseignement dont elles viennent d'être dotées, du moins à titre d'essai ?

Pour défendre cette thèse, on a dit que ces Facultés vivaient uniquement sur le terrain psychologique et qu'elles cessaient d'être chez elles dès qu'elles abordaient le monde social. C'est, Messieurs, étendre démesurément le domaine de la psychologie. En réalité l'être qu'étudie le psychologue n'est qu'une abstraction ; on ne peut pas en faire complètement le tour sans rencontrer en lui autre chose que lui-même, à savoir la société qui, non seulement l'enveloppe, mais le pénètre et dont il est inséparable. Et voilà l'unique objet d'études que l'on nous concéderait ! Mais est-ce que les faits historiques ne sont pas sociaux au premier chef et ne peut-on dire d'autre part que nos

Facultés sont presque tout entières des écoles de sciences historiques ? Car ce n'est pas seulement l'histoire des institutions politiques que l'on vous enseigne ici, mais celle des idées, des littératures, des langues. Enfin est-il besoin de rappeler que la morale est restée chose philosophique et qu'elle relève de la science sociale ? De la religion je ne parle pas puisque tout le monde nous en abandonne l'étude. Si donc on voulait discuter à la rigueur, il ne serait peut-être pas difficile de démontrer que c'est ici que se trouve le centre de gravité des sciences sociales.

Mais je ne viens pas défendre cette solution extrême. Il me semble seulement que cet enseignement n'est pas déplacé dans une Faculté des lettres puisqu'il s'adresse à de nombreux étudiants de cette Faculté. Je reconnais d'ailleurs qu'il ne le serait pas davantage dans une école de droit, puisque, de l'aveu de tout le monde, il est utile aux étudiants en droit. Je ne revendique donc pas pour nous la jouissance exclusive de la sociologie. Je souhaite au contraire que des cours analogues soient fondés ailleurs ; car il ne peut y avoir que profits pour la science à ce que les mêmes problèmes soient étudiés à des points de vue différents. Je demande seulement qu'on nous traite avec le même libéralisme.

Cela dit, Messieurs, je dois avouer que la question ne me passionne pas. Les sciences sociales sont toutes récentes ; elles sont seulement en train de s'organiser ; on ne peut donc s'attendre à ce qu'elles s'adaptent exactement aux vieux cadres administratifs que nous a légués le moyen-âge. Tout arrangement sera donc nécessairement un compromis qui ne pourra pas satisfaire tout le monde. Qu'importe d'ailleurs ? Est-ce que les étudiants de la Faculté de droit ne se sentent pas ici chez eux, comme nous nous sentons chez nous quand nous allons leur rendre visite ? J'ai beau faire, ces petits problèmes constitutionnels me laissent assez indifférent. L'essentiel en toutes choses n'est pas d'imprimer à la vie un cours déterminé, mais de la susciter. Là où elle existe, laissez-la couler en liberté, elle saura bien se faire à elle-même son lit. L'important n'est pas que ce cours ait lieu ici ou là ; mais qu'il se fasse et qu'il vive. En Allemagne l'économie politique est rattachée, on ne sait pourquoi, à la Faculté de philosophie ; et pourtant vous savez quel rôle a joué l'école économique allemande. Je termine donc en exprimant le vœu qu'on ne prolonge pas ce débat. Je ne dis pas qu'il ait été inutile de le soulever ; je ne crois pas qu'il serait bon de le faire durer indéfiniment et c'est aux amis de la sociologie que j'adresse particulièrement cette prière. Trop d'insistance finirait par faire croire aux sceptiques que la science sociale changerait de nature en changeant de domicile ; ce qui -ne servirait pas son crédit, ce qui d'ailleurs n'est dans la pensée de personne. Quelque progrès que nous ayons fait, nous ne sommes pas encore si nombreux en France, à croire que l'avenir pour les sciences politiques et morales consiste à se rapprocher de leurs aînées, les sciences naturelles, nous ne sommes pas, dis-je, assez nombreux pour qu'il soit sage de diviser dès maintenant nos forces. Ne nous préoccupons pas outre mesure de détails d'organisation que l'avenir résoudra de lui-même ; allons au plus pressé et puisqu'en fait nous avons le même but, unissons nos efforts pour travailler en commun.

Fin